AF595143

ERGALL

LE BILAN

DE

Nos Sociétés de Banque

Articles publiés dans la
"REVUE ÉCONOMIQUE ET FINANCIÈRE"
du 21 avril au 19 mai 1900

PRIX : UN FRANC

PARIS
REVUE ÉCONOMIQUE & FINANCIÈRE
30, rue de Provence, IXe

1901

LE BILAN

DE

NOS SOCIÉTÉS DE BANQUE

« Le bilan » et non les bilans. Ce que nous voulons examiner aujourd'hui c'est, non pas la situation particulière de chacune de nos Sociétés de banque, nos *joint stock banks*, mais la situation générale de ces sociétés, devenues, à la fin de ce siècle, le rouage principal de notre mécanisme financier.

Cet examen viendra à son heure. L'une après l'autre, nos Sociétés augmentent leur capital : hier, la Société Générale, aujourd'hui, le Crédit Industriel ; demain le Comptoir national d'escompte ; après-demain, le Crédit Lyonnais, lequel, dès à présent, prépare visiblement l'opération en battant le rappel des dépôts à échéance dédaigneusement expulsés après la libération complète de son capital. L'ensemble du mouvement dénote évidemment une évolution dans l'industrie de la banque, et non pas seulement des cas particuliers. En dehors et au-dessus des circonstances spéciales à telle ou telle de ces sociétés, il ne peut manquer d'y avoir ici quelque chose de général, tout aussi intéressant à dégager, sinon même davantage.

Le mot « industrie de la banque », qui vient d'être employé, n'est pas une expression quelconque, par à peu près. C'est une définition, qui limite et circonscrit le terrain de cette étude, dans laquelle il ne sera question : ni du Crédit foncier, établissement de crédit, mais de crédit hypothécaire ; ni de la Banque de Paris, de la Banque internationale ou de la Banque parisienne, etc., lesquelles, en dépit de leur titre, font de la finance et non de la banque, dans le sens propre du mot. Nous nous occuperons exclusivement de nos vraies sociétés de crédit — Crédit industriel, Crédit lyonnais, Société générale et Comptoir national — les quatre, comme on dit, banques de fait et non pas seulement de nom, encore que, à des degrés divers, elles n'excluent pas toutes, comme les banques anglaises, les affaires financières, participations, créations d'affaires et émissions. La Banque de France, est-il besoin de le dire, est aussi une banque, et au premier chef ; mais, avec le billet de banque, elle a une place à part, que nous aurons occasion de définir.

Quelle est donc la fonction de ce capital social, dont l'augmentation sur toute la ligne mérite d'être considérée comme l'indice d'une évolutions générale ? Le capital d'une banque n'est point, comme on pourrait le croire, ce que nos voisins appellent son *working capital*, c'est-à-dire destiné à fournir l'aliment aux affaires sociales. C'est un *capital de garantie*, c'est le **cautionnement** des fonds confiés à cette banque par le public, dépôts ou comptes courants.

Une banque, une société de crédit, n'est pas seulement un *prêteur* d'argent ; c'est d'abord un *emprunteur* et ce n'est que cette dernière fonction qui lui permet de remplir utilement la première, utilement pour le public, utilement aussi pour elle-même. Si elle n'avait que son capital à mettre à la disposition du public emprunteur, elle serait vite au bout de son rouleau et rendrait bien peu de services, sans compter qu'elle n'y trouverait pas son compte. Dans les conditions actuelles de la banque, nous avons eu occasion de le montrer plus d'une fois, le banquier tire de 1 à 2 0/0 (1) de l'ensemble des ressources dont il dispose. Ce n'est pas à ce taux-là que le capital propre à chacune de nos banques pourrait produire les dividendes de 5 à 10 0/0 qu'elles distribuent. C'est que ce rendement moyen de 1 à 2 0/0 se trouve multiplié par le complément de ressources que le public a apportées, complément dépassant le capital — pour le Crédit Lyonnais par exemple — dans la mesure du triple au simple : 290 millions de capital et réserves et plus d'un milliard de dépôts et comptes courants. Le véritable *working capital* d'une banque, on le voit, c'est l'argent du public. Au fond, c'est le public qui prête au public, par l'intermédiaire du banquier.

---

(1) En y comprenant les commissions et bénéfices sur placement de titres.

C'est encore de la mutualité, mutualité indirecte, mais mutualité quand même.

Pourquoi cet intermédiaire ? C'est que le public prêteur y trouve des garanties que ne lui donnerait pas la mutualité directe. C'est que l'intermédiaire est en même temps un garant responsable lequel, en dehors de la garantie morale de la compétence professionnelle, présente comme première garantie matérielle son capital social. Deux systèmes sont ici en présence : le système anglais, du capital libéré d'une partie seulement, et c'est alors l'actionnaire qui reste le garant complémentaire du déposant jusqu'à concurrence du capital restant à appeler ; le système du capital entièrement versé, dans lequel le public prêteur n'a plus devant lui que le banquier. D'un côté comme de l'autre, il y a du pour et du contre et si nous sommes, quant à nous, partisans du premier système, il n'est peut-être pas indispensable de vider aujourd'hui la question à fond. D'autant que, si le premier système a prévalu en Angleterre, les deux sont pratiqués chez nous. Question d'habitudes ou de clientèle, question d'espèce.

Cela entendu, la première chose à se demander en face de cette augmentation générale du capital de nos banques est donc de savoir si cette augmentation correspond à un accroissement des dépôts appelant ou nécessitant un nouvel appoint de garanties.

Or, voici ce que répondent les chiffres :

Dépôts de nos sociétés de banque :

	1880 (millions)	1889 (millions)	1899 (millions)
Dépôts à vue	429	505	983
Dépôts à échéance	225	166	222
Comptes courants	400	549	1.057
Ensemble	1.051	1.[illegible]0	2.262

En vingt ans, on le voit, il y a eu augmentation de plus du simple au double, exactement de 114 0/0.

Voyons, maintenant, si le capital de garantie a marché du même pas :

Capitaux propres de nos banques :

	1880 (millions)	1889 (millions)	1899 (millions)
Capital	360	420	520
Réserves	70.3	67.8	94 6
Ensemble	430.3	487.8	614 6

Ainsi, pendant que les dépôts doublaient, le fonds de garantie correspondant augmentait de 180 millions, à peine 42 0/0. Le capital de garantie représentait, il y a vingt ans, 40 0/0 des dépôts et il en représente aujourd'hui moins de 27 0/0. La légitimité, la nécessité même, d'une augmentation de ce capital ressort de ces chiffres avec toute la clarté de l'évidence. Avant d'être un appel aux dépôts nouveaux, l'augmentation de capital de nos banques commence donc par apporter un supplément de contrepartie utile aux dépôts actuels.

Il n'existe pas de barème rigoureux pour déterminer la proportion mathématique entre le capital et les dépôts. Toutefois, l'on peut dire que, dans la pratique, la bonne règle demande que ceux-ci ne dépassent pas normalement trois fois le capital. Or, en additionnant les augmentations connues : Générale 20 millions; Crédit industriel, également 20 millions; Comptoir national 50 millions; et en admettant que le Crédit Lyonnais s'arrête, lui aussi, au chiffre de 50 millions (1), cela fait un total de 140 millions, portant l'ensemble du capital de garantie de nos banques à 745 millions, soit, à quelques millions près, le tiers de l'ensemble des dépôts. A prendre cette règle au pied de la lettre, l'augmentation actuelle serait ainsi à l'adresse du passé beaucoup plus que de l'avenir et ne fait, en réalité, que régulariser une situation existante.

La première garantie matérielle des dépôts, avons-nous dit, c'est le capital de la Banque. Une seconde garantie de même nature, et qui passe même la première en importance, c'est l'emploi lui même de cet argent du public. Quelle est à ce point de vue la situation de nos sociétés de crédit, au moment où celles-ci font appel à de nouveaux dépôts en augmen-

(1) Non compris la prime portée aux Réserves.

tant leur fonds de garantie ? En même temps, du reste, que l'examen de ce côté de la situation permettra d'apprécier plus complètement le degré de sécurité du public prêteur, cet examen nous donnera la mesure des services rendus par nos banques au public emprunteur.

Le banquier, ou la banque moderne, avons nous dit encore, n'est qu'un intermédiaire entre le public prêteur et le public emprunteur. Et c'est cette conception nouvelle qui a été le point de départ d'une ère nouvelle pour le commerce et l'industrie. C'est du jour où M. « Tout le Monde », plus riche que M. de Rothschild, à pu de cette façon prêter à M. « Tout le Monde », que date ce développement moderne des affaires de toute nature, développement que n'aurait jamais permis le système ancien, où le banquier privé, si riche fût-il, n'avait guère que son argent à mettre à la disposition du public.

Devenu intermédiaire, le banquier moderne s'est donc trouvé, comme tout intermédiaire, en face d'un double rôle, d'un double devoir à remplir : devoir envers ses déposants, devoir envers le public emprunteur. De ces deux devoirs, le premier, seul, est déterminé par des stipulations précises et écrites. Le public prêteur n'apporte son argent à la banque qu'à deux conditions expresses : la sécurité, d'abord : puis, comme ce prêteur n'a pas eu en vue un placement, mais seulement un dépôt, il exige une seconde condition : la « liquidité » si l'on peut dire, lui permettant de reprendre cet argent à volonté. Ce n'est pas pour autre chose qu'il se contente d'un intérêt minime. Les dépôts à échéance fixe se passent de la seconde condition. La sécurité leur suffit. Mais ces dépôts ne jouent qu'un rôle très secondaire dans l'industrie de la banque, tandis que le premier appartient aux dépôts à vue. Contre un milliard de dépôts à vue, plus un autre milliard de comptes courants équivalant aux premiers au point de vue exigibilité, nos Sociétés de crédit n'ont pas plus de 220 millions de dépôts à échéance fixe.

Le second devoir du banquier moderne, celui qui regarde l'autre terme de la mutualité : rendre des services au public emprunteur, destination logique et légitime de l'argent emprunté au public, ce second devoir, disons-nous, n'est inscrit dans aucun Code. En stipulant sécurité et « liquidité », le prêteur n' songé qu'à lui, et pas du tout à un emprunteur qu'il neconnait pas, qu'il n'a pas à connaître et avec lequel il n'a aucun lien de droit. Mais pour n'être stipulé par personne, ce devoir n'en est pas moins impérieux. C'est dans la nature même des choses qu'il est inscrit et l'on va voir qu'il découle du premier. A défaut d'une pénalité écrite, et dont l'application paie souvent tribut à l'imperfection des textes et à celle du juge, les lois naturelles portent en elles-mêmes leur inéluctable sanction.

Ce sont les conditions elles-mêmes de l'emprunt qui dictent l'emploi. Tenu à restituer, et à restituer au premier signe, le banquier emprunteur ne peut donner à l'argent du public que des emplois réunissant le double caractère de la sécurité et de la disponibilité. Ce sont d'ailleurs ces emplois de fonds que la langue désigne par des affaires de banque, *legitimate banking*, disent nos voisins, nos devanciers et nos maîtres sur ce terrain, affaires de banque pure, dit le vocabulaire adopté à la *Revue*.

Les placements en valeurs, est-il besoin de le dire, ne rentrent point dans cette catégorie. Ce n'est pas un placement que le déposant a entendu faire en apportant son argent à la banque ; celle-ci n'a pas le droit de dénaturer le dessein de son mandant. Alors même qu'il réunit toutes les conditions de la sécurité humaine, le placement a le vice, redhibitoire dans l'espèce, d'être l'immobilisation. Et si le placement en valeurs d'entreprises assises ne peut servir d'emploi à des capitaux mobiles par nature et par destination, à plus forte raison ces capitaux ne doivent-ils pas être employés à la création d'entreprises nouvelles, où l'immobilisation se double du risque.

Est-il besoin d'ajouter que si le placement n'est pas permis à une banque, la spéculation lui est rigoureusement et absolument interdite ? Quel que soit son objet, la spéculation n'est qu'une forme du jeu et si courir les hasards du jeu avec son argent est manque de sagesse, le faire avec l'argent d'autrui est manque de probité.

Theoriquement la banque de dépôts idéale ne devrait donc faire, ni placement, ni *promotion*, (création d'entreprises) comme disent les Anglais, et cela, même avec son capital propre, capital de garantie par destination. Mais c'est là de l'absolu et si, plus rigides que les nôtres, les banques anglaises s'en rapprochent davantage, dans la pratique elles ne l'atteignent jamais complètement. On peut donc admettre que, conformément à nos mœurs financières, une banque de dépôts puisse employer à sa convenance ses réserves. d'abord, qui sont doublement à elles, et même une certaine portion de son capital, pourvu que le placement offre de réelles garanties de sécurité et de réalisation. Question de mesure et d'espèce.

Le lecteur comprend dès lors pourquoi, rompant avec les habitudes de la Comptabilité puérile et honnête, nous avons innové ici la façon de dresser les bilans, en remplaçant d'abord les vocables traditionnels « *Passif* » et « *Actif* » par « *Ressources* » et « *Emplois* » et, ensuite en divisant chacun de ces chapitres : le premier en « *Ressources propres* » et « *Capitaux empruntés* » ; le second, en « *affaires de banque pure* » et « *affaires financières* ». A elle seule cette simple division, laquelle, pour n'avoir pas fait école chez nos confrères, a été, en revanche, plus ou moins imitée par les Rapports de nos Sociétés, cette simple division, disons-nous, suffit à enseigner la règle au lecteur et à lui permettre d'en vérifier l'application d'un coup d'œil.

Avec cette classification, qui est en même temps une méthode, un Rapport de Société peut tout à son aise n'être qu'un verbiage digne de l'expression « parler pour ne rien dire ». ou même de la boutade « la parole a été donnée à l'homme pour déguiser sa pensée », grâce à cette méthode, disons-nous, il est presque impossible de ne pas arriver à faire dire quelque chose aux chiffres d'un bilan. C'est ainsi, pour n'en rappeler qu'un exemple, que, plusieurs années avant la chute de l'ancien Comptoir d'escompte, la simple application mécanique de cette méthode nous avait fait mettre le doigt sur ces « comptes spéciaux » qui servaient d'étiquette à la spéculation sur les cuivres.

II

Tout se paie. Si les emplois de fonds en affaires de banque pure ont pour caractéristiques la sécurité et la disponibilité, ces avantages ont pour rançon l'exiguïté du profit. Les deux termes sont même liés entre eux comme les plateaux de la balance, dont l'un ne peut s'élever sans que l'autre s'abaisse. Entre ces affaires, il y a d'ailleurs des degrés, et nous allons profiter de l'occasion d'en présenter la classification par ordre de mérite.

Par ordre de mérite veut dire ici par degré de disponibilité. La disponibilité, en effet, passe ici avant le profit et même avant la solidité. Le dépôt n'étant pas un placement et le déposant apportant et reprenant son argent sans crier gare. l'obligation d'être toujours en mesure de rendre est la première loi des emplois, comme le disait tout dernièrement M. Pownall à une réunion du *Manchester and district Banker's institute.*

Dans cet ordre d'idées, les affaires de banque pure se classent de la façon que voici :

1° L'escompte ;

2° Les avances nanties et les reports ;

3° Les ouvertures de crédit en compte courant ;

4° Il y a lieu d'ouvrir un chapitre à part lorsque — ce qui est le cas pour certaines de nos *joint stock banks* — ces opérations ont lieu. non plus en France, mais à l'étranger ;

5° En dehors des emplois de fonds, il y a enfin les affaires à commission, dans lesquelles une Société qui a su se concilier une large clientèle, trouve une légitime compensation aux sacrifices qu'elle a faits pour conquérir cette clientèle.

*
* *

Au premier rang des opérations de *légitimate banking* qui font les affaires des deux termes de la mutualité — le public prêteur et le public emprunteur — se place sans contredit l'**escompte** du papier de commerce.

La disponibilité est ici aussi complète que chose humaine peut l'être, étant donné le réescompte à la

Banque de France, à laquelle la troisième signature de la Société apporte d'ailleurs toute garantie. En temps normal, est-il besoin de le dire, le papier commercial escompté par nos Sociétés ne va guère à la Banque, que pour l'opération matérielle de l'encaissement. L'échelonnement des échéances d'effets à durée maxima de 90 jours correspond à toutes les exigences et l'escompteur n'a aucun motif d'aller partager le bénéfice de son opération.

C'est ici que prend place le rôle spécial de la Banque de France.

La question a été assez souvent traitée ici pour qu'il suffise de rappeler, sans développements, que, étant donnée la barrière de la troisième signature, notre Banque d'émission est bien plus l'escompteur du banquier — le réescompteur — que celui du public, témoin la floraison de petites banques qui s'est épanouie dans le pays au lendemain de la création de la Banque de France et dont la troisième signature était la raison d'être. Il s'est trouvé, du reste, que des circonstances, que ne pouvait pourtant prévoir le génie du fondateur de la Banque, sont venus renforcer encore ce rôle, qu'il lui avait assigné, de clef de voûte de tout notre édifice financier. La démonétisation de l'argent, un mal en soi, qui est venue amoindrir la valeur intrinsèque de notre encaisse-écus, est venue, par contre, donner plus de stabilité à la contre-partie espèces de la circulation de la Banque. N'ayant pas à défendre un encaisse-espèces, que protège la faculté de donner or ou argent, au choix de la Banque, celle-ci a donc les coudées plus franches que la Banque d'Angleterre et que la Banque d'Allemagne. On en a vu un exemple tout dernièrement, lorsque ces deux Banques d'Etat ont été obligées d'élever jusqu'à 7 0/0 la barrière défensive de l'escompte, tandis qu'il suffisait à la nôtre de 4 1/2 0/0 pour redresser le change, le seul point de vue dont elle eût à se préoccuper.

La disponibilité se trouvant ainsi liée avec le réescompte à la Banque, il en résulte que le Portefeuille commercial d'une Société de crédit doit être composé, sinon exclusivement, du moins en majeure partie, de ce qu'on appelle le papier *bancable*. Quant aux effets tirés sur des places où la Banque de France n'a ni succursale, ni agence, le papier *non-bancable*, c'est-à-dire non réescomptable à la Banque, ce papier est d'autant moins exclu du Portefeuille d'une Société que c'est souvent le meilleur. Seule est en cause la proportion dans laquelle il doit y entrer. Question de mesure et de circonstances.

A côté, enfin, du papier commercial, il y a place aussi, est-il besoin de le dire, pour ce qu'on appelle le papier de banque, à la condition que ce papier soit créé par une banque de tout repos ; car ce papier, qui ne correspond pas comme le papier de commerce à une opération réelle, tire toute sa valeur de la signature dont il est revêtu.

La sécurité du papier commercial, elle, est intimement liée à cette caractéristique intrinsèque que nous venons d'indiquer. Le papier commercial n'est sain qu'à la condition de représenter la liquidation d'une opération réelle entre commerçants de bon aloi, est-il besoin de le dire. Lorsque, derrière un tirage, il n'y a pas eu vente et achat effectifs, ce n'est plus à du papier commercial qu'on a affaire, c'est à du papier de circulation. L'escompteur a donc besoin de flair et de vigilance pour ne pas laisser s'introduire de ce papier dans son portefeuille. Il en a d'autant plus besoin que la Banque de France ne réescompte pas de confiance sur la signature de l'endosseur, mais qu'elle épluche soigneusement l'origine du papier qu'on lui présente. Si bien que le choix du papier n'intéresse pas seulement la solidité de l'emploi de fonds, mais encore la disponibilité.

Que si l'escompte constitue l'emploi de fonds qui fait le mieux les affaires du public prêteur, c'est lui également qui rend le plus de services au public emprunteur. L'escompte est la forme du crédit la plus saine et la plus féconde. On pourrait presque dire que c'est le crédit lui même, le grand stimulant de l'activité commerciale et industrielle. Interrogez sur ce point le premier commerçant venu et celui-ci vous dira que, sans l'escompte, il ne pourrait faire que le tiers ou le quart de son chiffre d'affaires actuel.

C'est donc dans ce rôle de banquier escompteur que nos Sociétés de crédit ont surtout été utiles à notre pays, et cela au double point de vue de la vulgarisation du crédit et de l'abaissement du prix de ce crédit. Il ne faudrait sans doute pas prendre pour du papier neuf la totalité du Portefeuille de nos Sociétés et considérer ce chiffre, dont on va voir la grosseur, comme correspondant mathématiquement au progrès de l'escompte et au développement commercial. Une portion de ce gros chiffre représente un simple déplacement et non de la création. Comme les chemins de fer ont tué les diligences, les Sociétés de crédit ont porté coup au banquier, principalement au banquier de province. C'est la loi du progrès, dont on peut déplorer certaines répercussions, mais qu'il faut subir. En tout cas, la portion même qui ne correspond qu'a un déplacement, représente-t-elle quand même un progrès, dans ce sens que l'escompte de ce papier a été obtenu à meilleur marché qu'autrefois. Cet abaissement du prix du crédit, produit par la concurrence, s'étend du reste même au papier escompté ailleurs que dans nos Sociétés. C'est ainsi que nos Syndicats agricoles n'ont pas seulement abaissé le prix des engrais pour leurs adhérents mais, par influence, ont étendu le bienfait à tous les consommateurs de ce produit.

Par quels chiffres maintenant se mesurent les services de cette nature rendus par nos Sociétés au Commerce et à l'Industrie?

Il y a vingt ans, le Portefeuille-effets de nos Sociétés se chiffrait par 458 millions 1/2. Aujourd'hui, c'est-à-dire au 31 décembre 1899, c'est par trois qu'il faut multiplier ce chiffre. L'ensemble des Portefeuilles s'élève à 1.269 millions 1/2. Plaçons en regard, sans autre commentaire, pour aujourd'hui, le chiffre des dépôts à vue, 983 millions. Et que si l'on prend la moyenne mensuelle du Portefeuille-effets, autrement significative que le chiffre d'un bilan isolé, on trouve que, de 480 millions, en 1880, cette moyenne s'est élevée à 1.305 millions 1/2.

*
* *

Le **report** et l'**avance** sont deux formes du prêt sur gage. Ce prêt est-il consenti directement à un client déterminé, sur nantissement de titres ou de warrants, c'est l'avance. A-t-il lieu par un intermédiaire de Bourse, sur nantissement de titres, c'est le report.

Entre les deux, il y a aussi cette autre différence : c'est que l'avance comporte une marge destinée à faire la part du risque de baisse du titre, pour le cas où le prêteur serait obligé de réaliser son gage, tandis que, dans le report, la somme prêtée est égale à la valeur vénale du titre le jour du prêt, valeur qui peut avoir quelque chose de factice, déterminée qu'elle est par un cours de compensation que les besoins de la cause font parfois plus élevé que le cours vrai.

A première vue, donc, on pourrait être tenté de classer l'avance avant le report. Mais le fait de l'interposition d'un intermédiaire responsable entre prêteur et emprunteur, et cela sans parler des formalités de réalisation du gage de l'avance, nous semble l'emporter en faveur du report. Cela est vrai surtout pour les reports effectués par ministère d'agent de change, depuis que la dernière réforme du Parquet a rendu officielle la solidarité de fait entre ces intermédiaires de Bourse. Le report, d'ailleurs, a cet autre avantage d'être à échéance de quinzaine ou à échéance mensuelle, tandis que l'avance est généralement à 60 ou 90 jours.

Mais l'on voit en même temps que report ou avance ne méritent d'être classés qu'après l'escompte du papier de commerce, puisque l'un et l'autre ont ce caractère commun de n'être disponibles qu'à date fixe. En théorie, on peut toujours défaire un report; en fait, on ne le peut qu'en période normale, c'est-à-dire quand c'est inutile, tandis que cela devient impraticable le jour où l'on en aurait besoin. Il résulte de là que l'avance et le report sont moins propres que l'escompte à servir d'emploi aux dépôts à vue et que, d'une manière générale, ils doivent rester renfermés dans certaines limites et ne remplir qu'un rôle secondaire dans les affaires d'une *Joint Stock Bank*.

On a déjà vu plus haut que nos Sociétés de crédit donnent satisfaction à la première de ces règles, puisque leur Portefeuille-Effets, 1.269 1/2 millions, dépasse de 286 millions l'ensemble de leurs dépôts à vue, 983 millions. Quant à la seconde règle, il suffira, quant à présent, de juxtaposer deux chiffres. Sur les 3 milliards passés, par lesquels se chiffrent les affaires de nos Sociétés, les avances et reports représentent 565 millions, soit 18 0/0.

Si on ne l'envisageait qu'au point de vue des services rendus au Commerce et à l'Industrie, l'**ouverture de crédit en compte courant** se classerait immédiatement après l'escompte. En dehors de l'escompte de leur papier, qui alimente le courant ordinaire de leurs affaires, le commerce ou l'industrie ont parfois besoin de recourir à des crédits temporaires. Il y a des occasions, et aussi des « saisons » d'achat, pour le coton ou la laine par exemple. Un fonds de roulement permettant de faire face à ces besoins temporaires condamnerait l'industriel ou le commerçant à des immobilisations et à des pertes d'intérêt entre les périodes d'emploi.

Certains, et nous en connaissons, préferant ne relever que d'eux-mêmes, y pourvoient en faisant eux-mêmes de la banque et, pendant la période d'inactivité, emploient leurs disponibilités par exemple, en reports. Mais le grand nombre préfère ne pas se charger du poids mort d'un capital dépassant les limites du fonds de roulement normal et a recours à l'ouverture de crédit en compte courant.

En principe, — chez nous du moins : car en Angleterre, le compte courant à découvert est plutôt la règle — l'ouverture de crédit n'est consentie que sur dépôt d'une couverture ou d'une caution. Dans la pratique, toutefois, nos banques consentent également des découverts aux banques correspondantes, d'abord, et, ensuite, à certains clients de choix. Dans ces conditions, et en tant que sécurité, cet emploi de fonds est donc très acceptable, pourvu qu'il soit fait en parfaite conformité des règles. Il est visible, par contre, qu'au point de vue disponibilité, il ne vient qu'après l'escompte, lequel met aux mains du prêteur une marchandise réalisable à volonté, et même après l'avance et le report mobilisables dans une certaine mesure. Alors même que, théoriquement, le compte courant débiteur est exigible *at call* ou *at notice*, comme disent nos voisins, c'est-à-dire au premier appel ou bien à quelques jours d'avis, il n'en est pas moins vrai que, le jour où une banque aurait à faire appel à ces débiteurs pour faire face à un *run* de ses déposants, il en manquerait plus d'un à l'appel.

En fait, donc, on ne doit pas compter sur les comptes courants débiteurs pour faire face à des exigibilités absolues comme les Comptes de chèques ou les Comptes courants créanciers, qu'une banque est tenue de rembourser avec une ponctualité plus rigoureuse que celle qu'elle peut exiger de ses débiteurs. Sauf pour une portion qui varie avec les circonstances, ce ne sont que des disponibilités relatives, dont la vraie place est plutôt en regard des dépôts à échéance.

Et si cela est vrai des comptes courants proprement dits, c'est-à-dire des comptes courants ouverts à des commerçants ou à des banquiers, à plus forte raison est-ce vrai pour des chapitres que certains bilans bloquent parfois avec les comptes courants et qui représentent : ici, les comptes débiteurs des agences, qu'on ne pourrait faire rentrer sans priver celles-ci des capitaux avec lesquels elles opèrent ; là, des titres en cours de placement qui, s'ils ont été pris ferme par la banque en cause, figurent à Comptes débiteurs pendant la période transitoire, et généralement brève, que met la clientèle à les résorber. Non seulement ces comptes courants-là ne représentent pas des disponibilités absolues, mais même pas des disponibilités du tout, en cas d'urgence.

III

Il eût été autrefois parfaitement inutile d'ouvrir un chapitre spécial pour les opérations effectuées à l'étranger par nos *Joint stock banks*. Celles-ci avaient assez à faire avec la clientèle intérieure. Mais le développement de leurs moyens d'action leur a permis d'étendre leur rayon d'activité et d'aller chercher au dehors, non seulement un champ nouveau à cultiver, mais aussi de nouveaux services à rendre à la clientèle française.

Le Commerce et l'Industrie de notre pays n'ont pas, en effet, d'intérêts qu'à l'intérieur. C'est du dehors que viennent beaucoup de nos matières premières, et même un certain nombre de produits fabriqués, et nos ventes à l'étranger jouent un rôle important dans l'activité nationale. Au double point de vue importation et exportation, nous avons donc avec l'étranger de nombreuses relations, lesquelles s'effectuaient jadis par le ministère de banques étrangères. Il y avait là un champ d'action tout indiqué pour nos Sociétés de crédit, et au bénéfice de celles-ci, et au bénéfice aussi du commerçant ou de l'industriel français intéressé à ne plus se trouver à la discrétion du banquier étranger.

Tel a été évidemment le premier objectif de la création des agences étrangères de nos Sociétés de banque et il était naturel, dès lors, que l'on débutât par s'installer à Londres, l'entrepôt et le *clearing house* du commerce du monde entier, où les affaires de nos nationaux fournissaient tout de suite les éléments d'une sérieuse et large clientèle. L'expérience ayant pleinement réussi sur le terrain de ces affaires, les agences françaises ont été amenées à étendre le cercle de leurs opérations et à faire concurrence aux banques anglaises sur le propre terrain de celles-ci, et, dans ce rôle nouveau — à leur profit particulier cette fois, et non plus à celui d'un intérêt général — leur succès a également répondu à leurs efforts.

Nos voisins d'Outre-Manche rendent eux-mêmes hommage à la réalité de cette concurrence, et cela de la plus probante des façons ; ils s'en préoccupent et s'en plaignent. Pas plus tard qu'à la fin de janvier dernier, l'*Institute of bankers* de Londres mettait à son ordre du jour la question de la « concurrence étrangère sur le terrain des affaires de banque » et consacrait toute une séance à la discussion d'un rapport, sur cette question, de MM. Fuller et Rowan. Le cadre de cette étude ne nous permet malheureusement que d'indiquer brièvement les points principaux de cet intéressant rapport et de cette intéressante discussion au cours de laquelle justice a été rendue au développement de nos banques, notamment dans le passage suivant :

S'il est vrai que nos plus proches voisins, les Français, n'ont pas fait d'aussi grands progrès que les Allemands dans la concurrence commerciale, il serait puéril de se dissimuler leur accroissement de puissance sur le terrain des affaires de banque. Plusieurs de leurs Sociétés de crédit ont fait de tels progrès qu'il est invraisemblable que c'est aujourd'hui la France qui tient la tête du mouvement de cette nature.

Très loyalement, nos voisins reconnaissent, d'ailleurs, qu'au point de vue économique, l'intervention des capitaux français à Londres rend à la communauté financière internationale de réels services, en rendant plus aisée l'intercommunication des grands marchés et, au marché anglais lui-même, l'inappréciable service de rendre les oscillations de l'escompte, sinon moins fréquentes, du moins plus courtes et moins amples, ils reconnaissent même que la stabilité de l'encaisse de la Banque d'Angleterre s'en trouve ainsi augmentée, si bien que, en fin de compte, la concurrence étrangère aboutit à une consolidation de la situation du marché de Londres *as the world clearing house*, comme Chambre de compensation du monde. Mais cela ne les empêche pas de regretter que, si les banques anglaises proprement dites peuvent se désintéresser de la concurrence faite par nos Sociétés à ce qu'elles appellent le *general merchant* ou le *merchant banker* sur le terrain de certaines affaires relevant plutôt de la finance que de la banque — les affaires à la Bourse, par exemple, qu'ils ne considèrent pas comme du *legitimate banking* et que « *no London banker would think of undertaking* » dit le Rapport — les banques anglaises, disons-nous, ne peuvent s'empêcher de regretter l'efficacité de la concurrence que nous leur faisons, en leur enlevant la clientèle de nos nationaux et même en leur faisant sur le terrain de l'escompte — *their competition with us for discount business*, dit le rapport Fuller — une concurrence facilitée, dit-il encore, tant par les profits réalisés sur les autres affaires, que par une plus grande liberté de mouvements que celle de l'escompteur anglais, entravé qu'est celui-ci par la corrélation du taux de ses dépôts et du taux essentiellement mobile de la Banque d'Angleterre. La concurrence des banques allemandes les gêne aussi quelque peu, mais leur est moins sensible, étant donné que ces Sociétés font du commerce et de la finance beaucoup plus que de la banque pure.

Ce n'est pas seulement sur le marché anglais, du reste, que s'exerce l'activité de nos Sociétés. C'est dans toute l'Europe et même dans le monde entier, grâce à nos agences coloniales. Là même où nous n'avons pas d'agences de nationalité française, en Allemagne, par exemple, où des raisons d'ordre spécial s'y opposaient plus ou moins, nos Sociétés ont des correspondants avec lesquels, ou par le ministère desquels, elles font aujourd'hui d'importantes affaires. C'est même en Allemagne que nos capitaux jouent le rôle le plus permanent et le plus considérable.

Dans un pays d'abondance des capitaux flottants, comme l'Angleterre, où les dépôts des banques atteignent presque 20 milliards de francs, — c'est bien *vingt milliards* que nous disons — les capitaux français n'ont que faire en temps ordinaire. C'est seulement en temps de crise, lorsque l'escompte est à 7 0/0 par exemple, comme en décembre dernier, que ces capitaux s'y trouvent momentanément attirés par une rémunération élevée. En temps normal, un fonds de roulement de peu d'importance suffit aux agences françaises. C'est de façon continue, par contre, que l'Allemagne a besoin de capitaux flottants. Non pas que ce pays soit pauvre, mais parce que ses capitaux vont aux Caisses d'épargne, infiniment plus libres de leurs mouvements que les nôtres et aux Banques populaires — on n'évalue pas à moins de 9 milliards de francs les dépôts de ces Caisses et Banques, alors que, chez nous, la totalité des dépôts de nos Caisses d'épargne n'atteint pas 3 milliards 1/2, 4 milliards 1/3, y compris les Caisses postales — et que, par une conséquence toute naturelle, les dépôts des grandes banques allemandes sont relativement minces et ne jouent qu'un rôle presque accessoire dans l'ensemble de leurs disponibilités.

Dans ces conditions, c'est d'un bout de l'année à l'autre, et non pas seulement aux époques de crise, que nos capitaux sont les bien venus en Allemagne et y sont attirés par un taux largement rémunérateur. C'est ainsi, par exemple, que la Deutsche Bank, en décembre dernier, offrait 6 0/0 pour des dépôts de 3 à 6 mois. Ce n'est pas par moins de 150 à 200 millions, qu'on chiffre généralement les capitaux français — de toute provenance et non pas seulement de nos Sociétés — qui bon an, mal an, travaillent en Allemagne. En ce qui concerne les autres pays, nous n'aurions que des chiffres par trop conjecturaux ; mais il n'est pas douteux que nos capitaux y trouvent également un emploi, moins large qu'en Angleterre et en Allemagne, mais relativement aussi fructueux.

Ces emplois de fonds sont légitimes, est-il besoin de le dire, et même, dans une certaine mesure, utiles pour notre pays, n'en déplaise à certain nationalisme étroit, qui condamne même le placement en valeurs étrangères.

Il ne saurait, d'abord, y avoir l'ombre d'un doute sur la portion servant à faire les affaires de nos nationaux avec l'étranger.

Ensuite, et même pour la portion qui sert non plus l'intérêt général, mais seulement celui de la Société qui opère, on peut dire que, du moment où la mesure n'est pas dépassée et que ce n'est que du trop plein, et non du nécessaire qu'on envoie travailler au dehors, ces emplois de fonds participent de l'utilité de nos placements étrangers. Pour ne jouer qu'un rôle d'appoint, ils concourent, en effet, avec ces placements, à faire en sorte que notre balance du doit et de l'avoir vis-à-vis de l'étranger, se solde constamment en notre faveur, au plus grand profit de notre Commerce et de notre Industrie et même au profit de la nation tout entière. C'est, par exemple, grâce à notre situation de créanciers de l'étranger que nous avons les avantages de notre bi-métallisme sans en avoir les inconvénients et que, sans mesures extraordinaires, dont le travail national ferait les frais, nous voyons un courant d'or étranger constant venir accroître un encaisse national assez riche pour nous permettre de payer en or, rubis sur l'ongle et presque sans nous en apercevoir, le déficit, même large, d'une mauvaise récolte. Faut-il rappeler encore que c'est grâce à nos placements étrangers que, sans appauvrir notre circulation métallique, nous avons pu régler l'indemnité de 5 milliards? Maintenue, nous le répétons, dans de sages limites, l'exportation de nos capitaux est donc une exportation comme une autre, et, pourvu qu'elle soit faite dans de bonnes conditions, il n'y a pas plus à s'en voiler la face que de l'exportation de nos marchandises.

Irréprochables au point de vue économique, plausibles même à celui de l'intérêt national, nos emplois de fonds à l'étranger en affaires de banque, pour demander un doigté spécial, ne comportent sensiblement pas plus de risques que les mêmes opérations au dedans. Pour être généralement à plus longue échéance, nos emplois de fonds en Allemagne, par exemple, n'en présentent pas moins de sécurité, garantis qu'ils sont par la responsabilité directe de la banque correspondante, toujours un établissement de premier ordre, et appuyés même souvent par l'affectation d'un gage spécial. Parfois même les banques allemandes nous offrent de prendre à leur charge le risque du change. Mais il est aisé de comprendre, par contre, qu'il n'en va pas tout à fait de même au point de vue disponibilité. Le fonds de roulement tout d'abord d'une agence étrangère ne deviendrait disponible qu'à la condition de lier les mains à cette agence. Ensuite, et alors même qu'il ne s'agit que d'un emploi de fonds extraordinaire et essentiellement temporaire, la réalisation, sauf le cas qui vient d'être indiqué, se complique de l'opération délicate du rapatriement.

Etant donnée, par exemple, une émigration temporaire de capitaux effectuée au change de 25 30, alors que, comme en décembre dernier le taux de l'escompte anglais, 7 0/0, nous offrait une marge de bénéfice de 3 0/0, il suffit d'un abaissement de change à 25 20, le jour où le repatriement deviendrait nécessaire, pour « manger » tout le bénéfice de l'opération. L'affaire de banque type, l'escompte ou l'achat du papier, se trouve ainsi subordonnée elle-même aux caprices du change — limités, il est vrai, entre le *gold point* de sortie et le *gold point* d'entrée — et, en temps de crise, perd plus ou moins le caractère essentiel de l'escompte du papier français, la disponibilité. La Banque de France ne réescompte pas le papier étranger et, fût-ce du papier anglais, la Banque d'Angleterre ne le prend que quand cela lui plaît.

Il résulte de là que, si les affaires à l'étranger, ne constituent pas l'emploi indiqué des dépôts, et cela non seulement au point de vue disponibilité, mais encore parce que, à défaut de stipulation expresse, il est implicitement entendu que le déposant français apporte son argent pour être employé en France, il est tout à fait licite d'y employer l'argent appartenant en propre à la Société, capital ou réserve, et peut-être cette considération n'a-t-elle pas été étrangère aux augmentations de capital auxquelles nous assistons aujourd'hui.

*
* *

Pour clore la série des affaires de banque, il reste à dire deux mots des affaires à commission, et spécialement de l'émission ou du placement de titres dans la clientèle, lequel, selon les espèces, joue un rôle plus ou moins grand dans la constitution des bénéfices de nos Sociétés de crédit.

Les affaires de cette nature ne rentrent dans la catégorie des opérations de banque qu'à la condition expresse que le banquier ne soit qu'un intermédiaire offrant à sa clientèle des titres qu'il a, non pas achetés ferme, mais simplement pris à option. Autrement, il y a affaire financière et immobilisation. Cela, une Société, il est vrai, a le droit de le faire, sinon avec l'argent du public, du moins avec l'argent de ses réserves ou de son capital propre ; mais, alors, nous le répétons, ce n'est plus l'affaire de banque, c'est la participation financière, c'est le placement, avec lesquels le risque commence.

Il fut un temps où, suivant l'exemple des banques allemandes dont le *Deutsche Œkonomist* disait dernièrement qu'elles prenaient le contrepied de la théorie anglaise, qui « fait de la hardiesse la loi des entreprises commerciales et industrielles, mais de la sécurité celle des affaires de banque », il fut un temps, disons-nous, où nos Sociétés faisaient de la participation et du placement sur une large échelle.

Mais il y a quelque vingt ans — et c'est dans cette période que leurs affaires de banque ont pris cette extension — qu'elles ont eu la sagesse de rompre avec ces errements et que ce qui était la règle est devenu l'exception. Le lecteur a pu suivre ici la marche progressive de cette évolution, de par laquelle les affaires de banque regagnent chaque année ce que perdent les affaires financières. Sans être proscrite partout et d'une façon absolue, la prise ferme de valeurs perd de plus en plus du terrain et si l'on en fait encore, ce n'est plus que dans des proportions restreintes et dans des conditions qui en atténuent le risque dans une mesure que permettra, à elle seule, d'apprécier la constatation que voici. Neuf fois sur dix, une affaire de cette nature n'est jamais assumée par un établissement seul, mais bien répartie entre les membres divers de notre communauté financière, Sociétés et financiers sous-participants, agissant ainsi comme un grand consortium de fait. D'où division du risque, en même temps que garantie d'un multiple contrôle portant sur la valeur intrinsèque de l'affaire, en même temps que sur les facilités de réalisation rapide. L'on comprend, en effet, que l' « immobilisation étant l'ennemi », dans le cas particulier, l'examen des conditions d'écoulement rapide dans le public n'a guère moins d'importance ici que celui de la valeur intrinsèque du placement.

Ce genre d'affaires est séduisant, comportant une marge de bénéfice autrement large que les affaires de banque pure. Une politique financière éclairée se garde pourtant d'en abuser, même dans le cas où la prise à option dispense d'emploi de fonds et. par conséquent, de risque matériel à courir. Il est visible, en effet, que, même dans ce cas, il reste toujours un risque moral : le risque de mécontenter la clientèle, dans le cas où le placement ne réaliserait pas les espérances conçues. Et ce risque n'est pas petit. Pour ne pas atteindre dans son capital la Société qui se tromperait trop souvent, il l'atteindrait dans son crédit, ce qui serait pis, puisque c'est ce crédit qui lui apporte les larges dépôts qui constituent l'aliment essentiel de son activité. C'est de confiance que la clientèle prend une valeur patronnée par sa Société. Que cette confiance soit ébranlée au point de vue placement, elle le sera également au point de vue dépôts et, la confiance dût-elle même survivre à ce dernier point de vue, que le mécontentement pourrait suffire à amener le client étrillé à porter ses dépôts ailleurs.

Ne serait-ce enfin que parce que les chances d'erreur augmentent avec le nombre des cas, une Société de crédit, ayant le sentiment élevé de son propre intérêt, doit donc se limiter à un petit nombre de ces opérations, soigneusement et mûrement étudiées par son département des études financières, département qui, innové d'abord par une de nos Sociétés, le Crédit Lyonnais, est devenu aujourd'hui un service important chez toutes. Suivant le mot que nous disait l'autre jour le chef d'une de nos grandes Sociétés : « ce n'est que le dessert qu'il faut demander aux affaires de ce genre, la substance du repas étant fournie par les solides et saines affaires de banque ».

Les affaires de banque définies et classées, il devient possible de se rendre compte de la façon dont travaillent nos Sociétés de crédit et d'apprécier leur rôle en connaissance de cause.

VI

Pour rendre plus saisissante la comparaison, tant des chapitres entre eux que celle des banques entre elles, nous dresserons d'abord le bilan de nos *Joint stock banks* en pourcentages, sans nous occuper des nombres concrets, dont le tableau viendra à son heure.

Au 31 décembre 1899, ce bilan s'établissait dans les termes que voici :

Ressources (PASSIF)

Capitaux propres :	
Capital versé	12,6 0/0
Réserves	3,1
Profits et pertes	1,3
Ensemble	17 » 0/0
Capitaux empruntés :	
Dépôts à vue	31,2 0/0
Dépôts à échéance	7,1
Comptes courants (créditeurs)	33,6
	71,9 0/0
Acceptations	10,7
Comptes d'ordre et divers	0,4
Ensemble	83 » 0/0

Ce qui frappe tout d'abord, c'est le rôle prépondérant que jouent les capitaux d'emprunt dans l'activité de nos Sociétés de banque. Alors que les ressources propres de celles-ci ne représentent que 17 0/0 du total des ressources ou engagements, l'argent dû au public y figure dans la proportion de 83 0/0 — y compris les acceptations — et les comptes de dépôt y représentent 72 0/0, nombre rond. Que si même l'on fait abstraction des acceptations, dont la place légitime est bien au passif puisqu'elles représentent des engagements de payer, mais qui n'en deviennent pas pour cela des ressources réelles — ainsi que les comptes d'ordre, derrière lesquels il y a, non pas de l'argent, mais simplement des balances de comptes —

les proportions deviennent : capitaux propres : 19 0/0 ; capitaux empruntés : 81 0/0.

Le capital de garantie versé représente le quart environ des dépôts. On touche ainsi du doigt jusqu'à quel point il est vrai de dire qu'avant d'être un prêteur, le banquier moderne est d'abord un emprunteur et que, si elles ne sont pas « l'argent des autres », ses affaires sont faites surtout avec l'argent des autres.

Cela est d'ailleurs plus vrai encore pour les *Joint stock banks* anglaises. témoin le bilan d'une des principales d'entre elles, précisément celle que le rapport Fuller a prise pour type et dont voici les chiffres relatifs. les seuls qui, dans le cas particulier, aient un intérêt :

Capitaux propres :

Capital (versé)	3 98 0/0
Réserve	2 73
Profits et pertes	57
	7 28 0/0

Capitaux empruntés :

Dépôts et comptes courants	89 84 0/0
Acceptations	2 75
Réescompte du portefeuille	13
	92 72 0/0

Ainsi, au lieu de 17 0/0 comme chez nous, les capitaux propres de cette *Joint stock bank* anglaise ne représentent que 7 1/4 0/0 des engagements. ces engagements ressortant eux-mêmes à 92 3/4 0/0 au lieu de 83 0/0. Et si l'on serre les chiffres de plus près, en faisant abstraction des acceptations, comme ci-dessus, les proportions deviennent 92 39 0/0, pour les dépôts et de 7 61 0/0 pour les capitaux propres. En d'autres termes, cette banque anglaise travaille avec un ensemble de ressources dont plus des *onze douzièmes* sont des capitaux d'emprunt et *moins d'un douzième* à elle.

A un degré plus caractérisé encore que chez nous, la *Joint stock bank* anglaise n'est donc qu'un intermédiaire qui emprunte d'une main au public pour lui prêter de l'autre, en recevant comme rémunération l'écart entre l'intérêt qu'il paie et celui qu'il prend.

Notons, toutefois, que, étant donné le système anglais de la libération du capital jusqu'à concurrence du quart, la proportion du capital de garantie est tout autre. Dans le cas particulier, l'adjonction du capital à appeler au capital versé relève la proportion à près de 19 0/0. C'est à peu près le même taux que chez nous.

*
* *

Au 31 décembre 1899, les ressources de nos *Joint stock banks* étaient employées de la façon suivante :

Emplois (Actif)

Affaires de banque pure :

Portefeuille-Effets	40. 4 0/0
Reports et avances	18 »
Comptes courants	26. 5 »
	84. 9 0/0
Encaisse	8. 2
Ensemble	93. 1 0/0

Affaires financières et Immobilisations :

Portefeuille-Titres	2. 8 0/0
Participations	2. 1 »
Immeubles	1. 3 »
Comptes d'ordre	0, 7 »
Ensemble	6. 9 0/0

Voilà quelques chiffres qui, mieux que toutes les phrases, rendent compte de la façon dont travaillent nos Sociétés de banque. Leurs ressources ou engagements ont pour contre-partie des affaires de banque jusqu'à concurrence de 93 0/0, tandis que leurs affaires financières ou immobilisations représentent moins de 7 0/0. Pour ne pas exclure d'une façon absolue les affaires financières, comme les banques anglaises, on voit qu'elles n'en méritent pas moins le nom de Banques ou de Sociétés de crédit. Ce n'est pas seulement l'argent du public qu'elles mettent à la disposition du public, mais encore la plus grande partie de leur capital propre, puisque 93 0/0 de leurs ressources sont prêtées au public sous une forme ou sous une autre, alors qu'elles n'en ont reçu que 83 0/0. En d'autres termes, sur chaque 100 fr. dont disposent nos Sociétés, et dont 83 fr. proviennent du public et 17 francs leur appartiennent, elles prêtent 93 francs au public, n'employant à leur guise et à leur profit exclusif que 7 francs. Au point de vue purement économique, au point de vue de l'utilité générale, elles vont même plus loin que les banques anglaises, lesquelles, on va le voir tout à l'heure, font du Portefeuille-Titres sur une échelle plus large. Il n'en va pas tout à fait de même, il est vrai, au point de vue de la grande loi de la disponibilité qui régit l'emploi des dépôts ; car, on va le voir encore, les placements des banques anglaises sont encore des disponibilités. Quoiqu'il en soit, ce côté de la situation de nos établissements de crédit méritait d'être mis en lumière.

On voit en même temps que l'activité de nos Sociétés se répartit entre les diverses catégories d'affaires de banque dans des termes se rapportant au classement naturel de ces affaires.

Sur les 85 0/0, nombre rond, que représentent ces affaires, les affaires d'escomptes entrent pour à peu près moitié et les comptes courants pour 26 1/2 0/0 ; ensemble : 67 0/0. C'est-à-dire que les huit dixièmes des opérations de banque de nos Sociétés ont pour objet des services rendus au Commerce et à l'Industrie nationales. Les deux dixièmes restants, d'ailleurs, les 18 0/0 employés en reports et avances, représentent encore des services rendus au public.

Au point de vue de leurs déposants, la situation de nos Sociétés de banque est la suivante :

En face des dépôts à vue	31 2 0/0
et des comptes créditeurs	33 6 0/0
	64 8 0/0
Elles peuvent aligner, comme disponibilités :	
Portefeuille-effets	40 4 0/0
Encaisse	8 2
Reports et avances	18
	66 6 0/0

Les chiffres généraux disent donc, à première vue, que les disponibilités de nos Sociétés de banque dépassent leurs exigibilités, et cela sans avoir besoin de faire appel aux comptes courants débiteurs, dont une portion pourtant peut être considérée comme réalisable.

Il n'y a là, est-il besoin de le dire, qu'une indication générale, qui ne saurait avoir la rigueur de ce qu'on appelle la balance exacte des exigibilités et des disponibilités, laquelle ne se dresse pas à coups de chapitres généraux, mais bien au moyen d'une ventilation : écartant, d'un côté, certains éléments plus ou moins disponibles, que peuvent contenir en fait des chapitres disponibles par définition et, de l'autre, faisant état d'éléments réellement disponibles contenus dans d'autres chapitres qui, en principe, sont consacrés aux immobilisations. C'est ainsi, par exemple, que dans le chapitre Avances, il faut distinguer l'avance commerciale et celle qui ne l'est pas, la première, singulièrement plus mobilisable que la seconde et que, entre reports, il y a lieu également d'établir une distinction entre le report par agent de change, le report par coulissier et le report direct. Par contre, ainsi qu'il vient de l'être indiqué, si, dans les comptes débiteurs, il est des sous-chapitres peu disponibles, ou même tout à fait indisponibles, comme les comptes des agences françaises ou étrangères, ou encore les titres en cours de placement, ou surtout comme les créances douteuses, les Comptes courants commerciaux, les vrais comptes courants, contiennent normalement une portion très rapidement réalisable. Le Portefeuille-Titres, lui-même, dont la place réglementaire est pourtant bien aux Immobilisations, contient également toujours une quantité plus ou moins grande de valeurs courantes, rentes ou obligations, monnayables d'un jour à l'autre ou même mobilisables sur l'heure par l'avance à la Banque de France. Il y a là, on le voit, un décompte des plus complexes à établir, pour arriver à la balance mathématique des exigibilités et des disponibilités mais qui trouvera mieux sa place quand viendra l'examen des situations particulières. Mais en attendant, les chiffres généraux suffisent pour indiquer, d'une façon suffisamment probante, que, dans ses lignes générales, la situation de nos Banques de dépôts est normale et saine.

Comparons cette situation à celle de notre banque anglaise de tout à l'heure, et dont voici le bilan (côté emplois).

Affaires de banque pure :

Portefeuille-Effets	20 24 0/0
Avances	6 59
Comptes courants	36 25
	63 08 0/0
Encaisse	15 36
Portefeuille-Titres	20 73
	99 17 0/0

Immobilisations :

Immeubles	0 83 0/0

Au point de vue disponibilités, la Banque anglaise que nous avons choisie comme type ne laissent rien à désirer. Elle n'a d'immobilisé que moins de 1 0/0 de ses ressources. Si elle n'a que 78 0/0 de ses ressources ou engagements employés en affaires de banque ou bien en caisse, son Portefeuille-titres n'a rien, en effet, de l'immobilisation, composé qu'il est de consolidés ou de valeurs anglaises de premier ordre toujours réalisables ou mobilisables par voie d'avance à la Banque d'Angleterre. Sauf pour la portion correspondant à son capital, ce portefeuille représente pour elle, non pas un placement durable, mais seulement un emploi temporaire du trop plein de ses disponibilités.

V

Par quels chiffres concrets se mesurent maintenant les services rendus au public par nos banques de dépôt. Ces chiffres, les voici :

RESSOURCES

Capitaux propres :

	millions
Capital versé	395
Réserves	94 6
Profits et pertes	42 5
Ensemble	532 1

Capitaux empruntés :

	millions
Dépôts à vue	982 8
Dépôts à échéance	222 3
Comptes courants créanciers	1.057
Acceptations	336 5
Comptes d'ordre et divers	14
	2.612 6
Ensemble	3.144 7

EMPLOIS

Affaires de banque :

	millions
Portefeuille-Effets	1.269 6
Reports et avances	565 5
Comptes courants	834 8
	2.669 9
Encaisse	257 1
Ensemble	2.927 0

Affaires financières et immobilisations :

	millions
Portefeuille-Titres	19 4
Participations	87 8
Immeubles	68 3
Comptes d'ordre	42 2
Ensemble	217 7
Total général	3.144 7

Le lecteur aura peut-être été surpris de nous voir rééditer le tableau des ressources, à propos de la mesure à donner des services rendus au public. *A priori*, semble-t-il, c'est la Banque qui est l'obligée du déposant. Mais, comme dans la plupart des appréciations *a priori*, il y a là une erreur. C'est au déposant que la Banque rend service, d'abord en se chargeant de lui garder des disponibilités dont il n'a pas l'emploi, ou qu'il a besoin de conserver liquides, ensuite en lui servant un intérêt pour des capitaux qui resteraient improductifs dans ses mains et qui, en fait, restaient jusqu'ici improductifs pour tout le monde. Pour minime que soit l'intérêt servi aux déposants, il a toujours ce grand mérite d'être pour lui une aubaine, c'est de l'argent trouvé.

Mais il est clair que c'est surtout du côté emplois qu'il y a surtout service rendu au public. Un brave homme de député conservateur, M. Dussaussoy, s'il nous souvient bien, dénonçait, il y a un an, à la vigilance gouvernementale, les immenses capitaux qui, disait-il, dorment aujourd'hui dans les caisses de nos Sociétés de crédit. C'était prendre tout juste le contrepied de la réalité. C'était hier que ces capitaux dormaient inutiles dans les poches ou dans les tiroirs des Français. Et ce n'est que depuis qu'ils sont entre les mains de nos Sociétés qu'ils travaillent et produisent : peu au déposant, un peu plus à l'intermédiaire suivant l'habileté de celui-ci, et beaucoup pour le Commerce et l'Industrie nationales, auxquels ils sont venus apporter un aliment et un stimulant nouveau. En fait de capitaux dormants, l'honorable M. Dussaussoy aurait eu beau jeu de dénoncer les quatre milliards de dépôts des Caisses d'épargne immobilisés entre les mains de l'Etat, au lieu de servir, comme en Allemagne ou en Italie, par exemple, à subventionner le travail national. Par quelle aberration dénonçait-il le péril des deux milliards un quart qui travaillent et produisent par les mains de nos Sociétés!

Nous ne nous chargerons pas de l'expliquer. Il suffira de montrer la réponse des chiffres et des faits à ces propos d'enfant et de constater, d'après le tableau ci-dessus, la façon dont sont employés les dépôts. C'est ce que mettra encore plus complètement en lumière le petit tableau que voici :

	Millions
Dépôts à vue....................	982 8
Dépôts à échéance...............	222 3
Comptes courants..............	1.057 0
Ensemble.....	2.262 1

employés, sauf un solde de 158 millions, nombre rond — 9 pour cent — en affaires commerciales par définition, soit :

Escomptes.....................	1.269 6
Comptes courants..............	834 8
	2.104 4

Quand aux 158 millions formant le solde des dépôts, on en trouve l'emploi dans les avances et reports. 565 millions, auxquels les dépôts ne contribuent ainsi que jusqu'à concurrence de 28 0/0, le complément étant fourni par le capital appartenant à nos Sociétés. M. Dussaussoy disait encore, pourtant, non seulement que les dépôts du public ne servaient pas au Commerce et à l'Industrie, mais encore que leur principal emploi consistait à alimenter le jeu de Bourse, par les reports. Voilà ce que répondent les chiffres.

Le chiffre de 565 millions ci-dessus, qui comprend les avances et les reports, se décompose d'ailleurs de la façon suivante : Avances, 361 3/4 millions et Reports, 203 2/3 millions. Les reports représentent donc moins de 6 1/2 0/0 de l'ensemble des emplois de fonds de nos Sociétés.

La conclusion rationnelle à tirer de là, c'est que, au lieu de déplorer que les dépôts de ces Sociétés s'élèvent à 2 1/4 milliards, il faut regretter qu'ils soient ainsi limités, alors que, en Angleterre, ils atteignent presque 20 milliards et qu'aux Etats-Unis ils dépassent ce chiffre.

Un bilan isolé ne donne enfin qu'une mesure insuffisante des services rendus au public par l'escompte et les comptes courants. On a déjà vu que la moyenne du Portefeuille-commercial de nos Sociétés est, non plus. 1.269 1/2 millions comme au 31 décembre, mais 1.305 millions. Mais si l'on veut avoir une idée complète de l'escompte de nos Sociétés, il suffit de constater qu'en 1899, le mouvement général de leur Portefeuille a été de près de 34 milliards, exactement 33.966 millions.

*
* *

Que si, enfin, au-dessus des chiffres, on considère le système, on voit que, pour n'être pas régie par la théorie rigide de l'Ecole anglaise, la banque française diffère peu dans la pratique de la banque anglaise. Elle s'en rapproche beaucoup plus, en tout cas, que de l'Ecole allemande, laquelle non seulement ne proscrit pas l'intervention coïntéressée de la banque dans les affaires financières, industrielles et commerciales, mais considère, au contraire, cette intervention comme rentrant normalement dans le rôle d'une banque, sinon même comme constituant sa première fonction. « Le trait distinctif de la méthode allemande, disait à ce sujet le Rapport présenté à l'*Institude of bankers* de Londres, est la connexité existant entre les entreprises commerciales et les banques. Non seulement celles-ci ont un portefeuille d'actions de sociétés similaires en vue d'y exercer de l'influence, mais elles ont également des intérêts dans des affaires diverses : Syndicats, Mines, Compagnies de chemins de fer et tramways. Le développement du commerce et de l'industrie allemands, au dedans et au dehors, procède dans une large mesure de l'initiative des banques, lesquelles font ouvertement figurer ces affaires dans leurs bilans et, dans leurs Rapports, en discutent sans broncher les chances de succès. Sur ce point, la banque allemande est essentiellement différente de la nôtre... En Allemagne les banques ne sont pas seulement les auxiliaires, elles sont les pionniers de leur commerce et de leur industrie, au dedans et au dehors. »

Théoriquement, l'Ecole française se rapproche de

l'Ecole allemande, puisqu'elle n'exclut pas les affaires financières ou industrielles. En fait, elle a adopté un moyen terme qui la place, d'ailleurs, on vient de le voir, beaucoup plus près de la Banque anglaise que de l'autre.

Nous citions l'autre jour le mot du *Deutsche Economist* : « les entreprises des Anglais sont aventureuses mais leurs banques sont sûres ». Ce journal allemand pourrait en dire autant sinon de nos entreprises, du moins de nos banques. L'esprit de hardiesse, ou même d'aventure, a pu être leur loi, il y a quelque vingt ans. Aujourd'hui, c'est la préoccupation de la sécurité et, cela, leurs bilans le diraient de façon plus catégorique encore, si la liquidation du passé avait pu être complète chez toutes.

Est-ce là un éloge ou bien un blâme? Tout le monde ici n'est pas d'accord sur ce point. Même parmi les meilleurs esprits, ils s'en trouve qui reprochent à nos banque leur manque de hardiesse et qui les voudraient voir un peu plus payer de leur personne et rendre des services à l'activité nationale sur un autre terrain que celui des affaires de banque. L'exemple des banques allemandes est naturellement le grand argument en faveur de cette politique financière. Mais ceux qui s'en servent oublient que les conditions ne sont pas tout à fait les mêmes.

Tout d'abord, l'intervention actuelle des banques allemandes dans les affaires extra-banque a coïncidé avec une expansion du commerce et de l'industrie allemands, que cette intervention a secondée, mais qu'elle n'a point suscitée. Ensuite, les banques allemandes n'opèrent pas avec les mêmes capitaux que nos banques. Il a déjà été indiqué plus haut que les dépôts ne jouent qu'un rôle secondaire dans les affaires des grandes banques. Les six banques maîtresses d'Allemagne n'ont, à elles toutes, que 300 millions de dépôts, la moitié de leur capital-actions, alors que l'argent du public joue chez nous le rôle qu'on vient de voir. Les banques allemandes sont donc infiniment plus libres de leurs mouvements et peuvent, dès lors, user à leur guise de la plus grosse part de leurs capitaux, non seulement parce que ces capitaux leur appartiennent, mais encore parce que ces capitaux de garantie n'ont à cautionner qu'une quantité de dépôts relativement mince.

Si, enfin, il est de mode, chez nous, d'admirer sans

réserve le système allemand, l'opinion allemande elle-même leur est peut-être un peu moins exclusivement favorable. L'article du *Deutsche-Economist*, auquel nous faisions allusion tout à l'heure, ne se dissimulait pas les risques, sinon les dangers du système. « Les Anglais, concluait-il, sont parfaitement dans le vrai dans leur manière de comprendre les opérations d'une banque. Nous qui, en Allemagne, manquons de traditions financières et qui comprenons les affaires d'une autre façon, nous avons laissé nos banques s'aventurer dans les entreprises les plus diverses, dans lesquelles elles se sont engagées avec une ardeur extrême. Il reste à vérifier s'il n'y a pas là, un grave danger, d'où nous n'aurons pas à pâlir un jour ».

S'il est donc exact que nos *joint stock banks* ne pêchent pas par excès de hardiesse, il convient d'ajouter que l'origine de la plus grosse part de leurs capitaux leur impose la prudence comme le premier de leurs devoirs et, pour notre compte, ce n'est pas l'exemple des banques allemandes que nous leur offrirons jamais comme idéal. Ce qui est vrai, c'est que, suivant l'exemple des Anglais sur le terrain de la banque, nous devrions nous en inspirer aussi un peu plus sur le terrain commercial et industriel. Presque aussi bien outillés que les Anglais sur le premier de ces terrains — ce sont eux-mêmes qui le reconnaissent — nous le sommes infiniment moins bien sur le second. A côté de Banques des dépôts, qui ne sont pas loin de valoir les leurs, nous ne possédons encore que des spécimens de ces banques financières, qui jouent un si grand rôle dans la puissance commerciale et industrielle de l'Angleterre. Ce n'est pas de transformer et de dénaturer notre organisme de banque qu'il faut parler, mais bien de le compléter en créant ou en développant un outillage parallèle dont nous ne possédons encore que des types insuffisants en nombre, sinon en valeur intrinsèque. Il y aurait d'ailleurs beaucoup à dire à ce propos, ne serait-ce que sur la part de nos mœurs financières, public et presse, dans les difficultés que rencontre chez nous l'éclosion des affaires nouvelles. Mais c'est là une question qui nous ferait sortir du cadre de cette étude dont la longueur n'est peut-être que le moindre défaut.

En résumé, la situation de nos *joint stock banks* apparaît saine, et si celles-ci ont, de par leurs statuts, toutes les facilités des banques allemandes, elles n'en abusent guère. Ce n'est même que dans une mesure très limitée qu'elles en font usage. Que l'interdiction absolue des affaires financières, comme en Angleterre, donne davantage satisfaction à la théorie, nous n'y contredisons pas. Mais nous ne vivons pas dans la croyance de l'absolu et, tant que la règle sera serrée de si près, il n'y aura rien à dire. Nous savons bien qu'il est des esprits absolus qui voudraient que la loi elle-même vînt interdire aux Banques de dépôt tout emploi de fonds en autre chose qu'en affaires de banque pure. Nous ne sommes pas de cette École, et nous trouvons que la loi réglemente déjà assez de choses chez nous pour ne pas souhaiter qu'elle empiète encore davantage sur le domaine de l'activité libre. En tout état de cause, c'est aux statuts, et non à la loi, que nous voudrions demander une réglementation sur ce point. Mais il est un moyen beaucoup plus efficace, et auquel on ne songe naturellement pas à s'adresser. Nous voulons parler de la publicité, et, si nous avions un vœu à exprimer, ce serait tout simplement de voir — non pas les rapports — mais les bilans se montrer un peu plus explicites. La publication d'un bilan mensuel a déjà été un grand progrès, et c'est à cette publication que remonte, en effet, l'afflux des dépôts dans les caisses de nos Établissements de crédit. Mais ces bilans ou certains de ces bilans sont peut-être un peu sommaires et l'on comprendrait d'autant mieux qu'on les rendît plus détaillés que, n'ayant rien à cacher, nos Sociétés de banque ne feraient que gagner à des éclaircissements qui permettraient de mieux encore toucher du doigt la correction et la prudence de leur gestion.

Imp. Alcan-Lévy, 24, rue Chauchat, 117, rue Réaumur.

www.ingramcontent.com/pod-product-compliance
Lightning Source LLC
LaVergne TN
LVHW050221180726
843501LV00013BA/2185
* 9 7 8 2 3 2 9 6 5 2 8 1 8 *